3

兒童
華語課本

CHILDREN'S
CHINESE READER

中英文版

Chinese-English
Edition

OVERSEAS CHINESE AFFAIRS COMMISSION
中華民國僑務委員會印行

序言

　　我國僑胞遍佈全球，爲加強服務僑胞，傳揚中華文化，推動華語文教學，本會特邀集華語文學者專家於民國八十二年編製這套「兒童華語課本」教材，並深受各界肯定。近年來，採用本教材之僑校持續增加，爲使這套教材更適合海外需求，本會將繼續了解並彙整僑校教師意見，以供未來編修之用。

　　本教材共計十二冊，適於小學一至六年級程度學生使用。每冊四課，以循序漸進的方式編排，不但涵蓋一般問候語到日常生活所需詞彙，並將家庭、學校與人際互動等主題引入課文中。從第七冊起，更加入短文、民俗節慶、寓言及成語故事，使學生在學習華語文的同時，也能對中華文化有所體認。

　　爲讓學生充分了解並運用所學語言及文字，編輯小組特別逐冊逐課編寫作業簿，以看圖填字、文句翻譯、問答等方式提供學生多元化練習的機會，進而加強學生的語文能力。

　　海外華文教材推廣的動力在華文教師，是以在課本、作業簿之外，本套教材另提供教學指引及電化教材，教師可靈活運用其中之各項資料，以加強教學效果，提昇學習興趣。

　　語言的精進，端賴持續不斷練習，然而海外學習華語文的環境卻有其時間及空間的限制，必須教師、家長與學生三方密切合作，方能克竟其功。我們希望教師能善用本套材之相關教學資源，提供生動活潑的學習環境，學生家長能參與課後各項輔導活動，讓學生在生活化及自然化的情境中學習，以突破學習的困境。

　　本套教材之編製工作繁複，我們要特別感謝熱心參與的專家學者，由於他們精心地規劃與認真地編寫，使本教材得以順利出版。僑教工作的推展，非一蹴可幾，本會今後將積極結合海內外專家學者及僑教人士，共同為改良華語文教材、提昇華語文教學水準而努力，使僑教工作更為深化扎實。

僑務委員會委員長

張　富　美

FOREWORD

Today overseas compatriots are located in all corners of the world, and it is important that as part of our services to them, we ensure they also have access to the Chinese culture and language education enjoyed by their fellow countrymen. To this end the Overseas Chinese Affairs Commission had invited academics and professionals of Chinese language education to compile the *Children's Chinese Reader* textbook series. Completed in 1993, the compilation received popular acclaim, and since then a continuously increasing number of overseas Chinese schools have based their teaching upon this series. In order to make *Children's Chinese Reader* even better adapted to the needs of overseas teachers and students, the OCAC welcomes the comments and feedback of teachers at overseas Chinese schools for future revisions.

Children's Chinese Reader consists of 12 books and is suitable for primary students from grades 1 to 6. Each book contains 4 step-by-step lessons in increasing levels of difficulty, which not only cover general greetings and vocabulary commonly used in daily life, but also incorporate such themes as family, school and social interactions. Starting from book 7 the lessons introduce short stories, folk celebrations, traditional fables and proverb stories, so that students of the Chinese language may also gain an understanding of Chinese culture.

In order to help students fully comprehend and utilize the vocabulary and knowledge acquired, editors of *Children's Chinese Reader* have designed workbooks that correspond to each textbook in the series. Through fill-in-the-blank questions, sentence translations, and Q and A formats, these workbooks offer students the opportunity to practice in a number of different ways, so as to further enhance their language skills.

Teachers of the Chinese language are the main driving force behind overseas Chinese education. Therefore, in addition to textbooks and workbooks, *Children's Chinese Reader* also offers teaching guidelines and electronic materials that teachers may flexibly adapt as necessary. With these supplementary materials, it is hoped that teachers will be able to inspire the interest of students and achieve their educational goals.

Consistent practice is the key for progress in learning any new language, but students learning the Chinese language overseas are often hampered in their learning environment in terms of time and space. Therefore successful studies will depend on the joint efforts of teachers, parents and students. We hope that teachers will be able to make full use of the educational resources offered by *Children's Chinese Reader* to provide students with a lively and fascinating learning environment. If parents of students can also participate in the various extracurricular activities organized by schools, then students will be able to learn through a daily and natural environment that overcomes barriers to learning.

The compilation of *Children's Chinese Reader* has taken the dedicated and tireless efforts of many people. In particular, we must thank those academics and professionals who have willingly given their time and expertise. It was only because of their meticulous planning and painstaking care in drafting that the series successfully came to be published. Propagation of Chinese language education overseas is not a work that can be completed in the short-term. In the future, the OCAC will continue to cooperate with local and overseas professionals and educators in further improving teaching materials for the Chinese language and enhancing the quality of Chinese language education.

Chang Fu-mei, Ph.D.
Minister of Overseas Chinese Affairs Commission

兒童華語課本中英文版編輯要旨

一、 本書為中華民國僑務委員會為配合北美地區華裔子弟
適應環境需要而編寫，教材全套共計課本十二冊、作
業簿十二冊及教師手冊十二冊。另每課製作六十分鐘
錄影帶總計四十八輯，提供教學應用。

二、 本書編輯小組及審查委員會於中華民國七十七年十一
月正式組成，編輯小組於展開工作前擬定三項原則及
五項步驟，期能順利達成教學目標：

(一)三項原則——

(1)介紹中國文化與中國人的思維方式，以期海外華
裔子弟能了解、欣賞並接納我國文化。

(2)教學目標在表達與溝通，以期華裔子弟能聽、
說、讀、寫，實際運用中文。

(3)教材內容大多取自海外華裔子弟當地日常生活，
使其對課文內容產生認同感，增加實際練習機
會。

㈡五項步驟——

(1)分析學習者實際需要，進而決定單元內容。

(2)依據兒童心理發展理論擬定課程大綱：由具體事物而逐漸進入抽象、假設和評估階段。

(3)決定字彙、詞彙和句型數量，合理地平均分配於每一單元。

(4)按照上述分析與組織著手寫作課文。

(5)增加照片、插圖、遊戲和活動，期能吸引學童注意力，在愉快的氣氛下有效率地學習。

三、本書第一至三冊俱採注音符號（ㄅ、ㄆ、ㄇ、ㄈ……）及羅馬拼音。第四冊起完全以注音符號與漢字對照為主。

四、本書適用對象包括以下三類學童：

㈠自第一冊開始——在北美洲土生土長、無任何華語基礎與能力者。

㈡自第二冊開始——因家庭影響，能聽說華語，卻不

識漢字者。

（三）自第五或第六冊開始——自國內移民至北美洲，稍
　　具國內基本國語文教育素養；或曾於海外華文學校
　　短期就讀，但識漢字不滿三百字者。

五、本書於初級華語階段，完全以注音符號第一式及第二
　　式介紹日常對話及句型練習，進入第三冊後，乃以海
　　外常用字作有計劃而漸進之逐字介紹，取消注音符號
　　第二式，並反覆練習。全書十二冊共介紹漢字1160
　　個，字彙、詞彙共 1536 個，句型 217 個，足供海外
　　華裔子弟閱讀一般書信、報紙及書寫表達之用。並在
　　第十一冊、十二冊增編中國四大節日及風俗習慣作閱
　　讀的練習與參考。

六、本書教學方式採溝通式教學法，著重於日常生活中的
　　表達與溝通和師生間之互動練習。因此第一至七冊完
　　全以對話形態出現；第八冊開始有「自我介紹」、
　　「日記」、「書信」和「故事」等單元，以學生個人

生活經驗為題材，極為實用。

七、本書每一主題深淺度也配合著兒童心理之發展，初級
課程以具象實物為主，依語文程度和認知心理之發展
逐漸添加抽象思考之概念，以提升學生自然掌握華語
文實用能力。初級課程之生字與對話是以口語化的發
音為原則，有些字需唸輕聲，語調才能自然。

八、本書編輯旨　，乃在訓練異鄉成長的中華兒女，多少
能接受我中華文化之薰陶，毋忘根本，對祖國語言文
化維繫著一份血濃於水的情感。

九、本書含教科書、作業簿及教師手冊之編輯小組成員為
何景賢博士，宋靜如女士，及王孫元平女士，又經美
國及加拿大地區僑校教師多人及夏威夷大學賀上賢教
授參與提供意見，李芊小姐、文惠萍小姐校對，始克
完成。初版如有疏漏之處，尚祈教師與學生家長不吝
惠正。

Learning Chinese in the English Speaking Environment The Comparison between a Phonetic Symbol System and A Romanization System

Whether a Phonetic Symbol system or a Romanization System is a better way to learn Chinese in an English environment is still a controversial issue. The editors of this book suggest that children learn Phonetic Symbols from primary school onward so that they may get great benefits from it early. Their suggestion is based on the following points:

1. The difference between a Romanization System and the alphabet may cause recognition interference to the primary school children, especially the first and second graders. However, there is no interference if they learn Phonetic Symbols.

2. Critics complain that the 37 Phonetic Symbols are hard to memorize, while it is easier to learn the 26 letters of English alphabet. Actually , the fundamental goal of learning Chinese is to recognize and read Chinese characters, not just stay at the level of learning Phonetic Symbols or Romanization Systems. The Phonetic Symbols derived from the stroke of Chinese characters will be conducive to children in learning Chinese characters. Compared with the Phonetic Symbols, the Romanization Systems do not provide this advantage.

3. Many reading materials for children are written in traditional Chinese characters with the Phonetic Symbols inscribed on the side of the texts. This may enhance the children's Chinese language proficiency. The previous statement is based on 80 (or more) years of experiences in Chinese language teaching, from mainland China to Taiwan and other areas.

To teach children the Phonetic Symbols to learn Chinese does not mean to exclude learning a Romanization System. They can use the System from junior high onward, especially for keying in on PCs. They will find that a Romanization System works well.

目錄
Contents

注音符號第一、二式與通用、漢語拼音對照表

注音符號第一式		注音符號第二式	通用拼音	漢語拼音
（一）聲母				
辱音	ㄅㄆㄇㄈ	b p m f	b p m f	b p m f
舌尖音	ㄉㄊㄋㄌ	d t n l	d t n l	d t n l
舌根音	ㄍㄎㄏ	g k h	g k h	g k h
舌面音	ㄐㄑㄒ	j(i) ch(i) sh(i)	ji ci si	j(i) q(i) x(i)
翹舌音	ㄓㄔㄕㄖ	j(r) ch(r) sh r	jh ch sh r	zh ch sh r
舌齒音	ㄗㄘㄙ	tz ts(z) s(z)	z c s	z c s
（二）韻母				
單韻	一ㄨㄩ	(y)i , u,w iu,yu	(y)i , wu,u yu	i u ü
單韻	ㄚㄛㄜㄝ	a o e e	a o e ê	a o e ê
複韻	ㄞㄟㄠㄡ	ai ei au ou	ai ei ao ou	ai ei ao ou
隨聲韻	ㄢㄣㄤㄥ	an en ang eng	an en ang eng	an en ang eng
捲舌韻	ㄦ	er	er	er

第一課

超級市場

The Supermarket

I 對 話

(Dialogue)

第 一 部	Part 1
王 芸	媽，我們今天上那兒買菜？
媽 媽	Safeway. 我有二十張優待券。
王 芸	我們要買些什麼？
媽 媽	牛肉，豬肉，雞肉，火腿熱狗跟魚。
王 芸	蔬菜呢？
媽 媽	洋葱，南瓜，菠菜，包心菜，馬鈴薯跟茄子，也要買玉米，豆腐。

王芸		買什麼樣的麵包？
媽媽		全麥的跟核桃的。
王芸		要不要買米？
媽媽		要啊！
王芸		還要什麼呢？
媽媽		還要些水果， 蘋果、香蕉、西瓜、鳳梨、 草莓、藍莓、黑莓、桃子、 梨(子)跟芒果。

Ⅰ對 話

(Dialogue)

王芸	要冰淇淋嗎？
媽媽	要啊！對了！還要牛奶、起司跟橘子汁。

Ⅱ 生字生詞

（Vocabulary & Expressions）

1. 超級市場 supermarket
2. 上 go
3. 買 buy
4. 菜 food; dish
5. 二十 twenty
6. 張 （measure word）
7. 優待券 coupon
8. 些 some
9. 豬肉 pork
10. 雞肉 chicken
11. 火腿 ham
12. 熱狗 hot dog
13. 跟 and
14. 魚 fish
15. 洋蔥 onion
16. 南瓜 pumpkin
17. 菠菜 spinach
18. 豆腐 tofu; beancurd

Ⅱ 生字生詞

（Vocabulary & Expressions）

19. 包心菜 cabbage

20. 馬鈴薯 potato

21. 茄子 egg-plant

22. 樣 kind

23. 麵包 bread

24. 全麥的 whole wheat

25. 核桃 walnut

26. 米 rice

27. 還 what else; still

28. 鳳梨 pineapple

29. 黑莓 blackberry

30. 梨（子） pear

31. 芒果 mango

Ⅲ 句型練習

(Pattern Practice)

1.　　　　　買ㄇㄞˇ菜ㄘㄞˋ

　　　上ㄕㄤˋ那ㄋㄚˇ兒ㄦ 買ㄇㄞˇ菜ㄘㄞˋ

　　今ㄐㄧㄣ天ㄊㄧㄢ 上ㄕㄤˋ那ㄋㄚˇ兒ㄦ 買ㄇㄞˇ菜ㄘㄞˋ

　我ㄨㄛˇ們ㄇㄣ 今ㄐㄧㄣ天ㄊㄧㄢ 上ㄕㄤˋ那ㄋㄚˇ兒ㄦ 買ㄇㄞˇ菜ㄘㄞˋ？

2.　　我ㄨㄛˇ們ㄇㄣ　今ㄐㄧㄣ天ㄊㄧㄢ 上ㄕㄤˋ那ㄋㄚˇ兒ㄦ 買ㄇㄞˇ　菜ㄘㄞˋ？

　　你ㄋㄧˇ們ㄇㄣ　　　　　　　　　　　可ㄎㄜˇ樂ㄌㄜˋ？

　　媽ㄇㄚ媽ㄇㄚ　　　　　　　　　　　西ㄒㄧ瓜ㄍㄨㄚ？

　　　　　　　　　　　　　　　　　桃ㄊㄠˊ子ㄗ？

　　　　　　　　　　　　　　　　　牛ㄋㄧㄡˊ奶ㄋㄞˇ？

Ⅲ 句型練習

(Pattern Practice)

3.

我ㄨㄛˇ　　有ㄧㄡˇ　　二ㄦˋ十ㄕˊ張ㄓㄤ　　優ㄧㄡ待ㄉㄞˋ券ㄑㄩㄢˋ。

你ㄋㄧˇ　　　　　　十ㄕˊ隻ㄓ　　　手ㄕㄡˇ指ㄓˇ。

她ㄊㄚ　　　　　兩ㄌㄧㄤˇ個ㄍㄜˋ　　耳ㄦˇ朵ㄉㄨㄛˊ。

我ㄨㄛˇ們ㄇㄣ　　一ㄧˊ個ㄍㄜˋ　　芒ㄇㄤˊ果ㄍㄨㄛˇ。

4.

要ㄧㄠˋ不ㄅㄨˋ要ㄧㄠˋ　　買ㄇㄞˇ　　米ㄇㄧˇ？

蛋ㄉㄢˋ？

派ㄆㄞˋ？

　喝ㄏㄜ　茶ㄔㄚˊ？

咖ㄎㄚ啡ㄈㄟ？

橘ㄐㄩˊ子ㄗ汁ㄓ？

IV 英　譯

(English Translation)

Part　1：

| 王ㄨㄤˊ芸ㄩㄣˊ | Mom, where do we go shopping for food today ? |

| 媽ㄇㄚ媽ㄇㄚ˙ | Safeway. I have 20 coupons. |

| 王ㄨㄤˊ芸ㄩㄣˊ | What will we buy ? |

| 媽ㄇㄚ媽ㄇㄚ˙ | Beef, pork, chicken, ham, hot dogs and fish. |

| 王ㄨㄤˊ芸ㄩㄣˊ | What about vegetables ? |

| 媽ㄇㄚ媽ㄇㄚ˙ | Onions, pumpkins, spinach, cabbage, potatoes and egg-plant, we also need corn and tofu. |

| 王ㄨㄤˊ芸ㄩㄣˊ | What kind of bread do you want ? |

媽ㄇㄚ 媽ㄇㄚ	Whole wheat and walnut.
王ㄨㄤ 芸ㄩㄣ	Want some rice ?
媽ㄇㄚ 媽ㄇㄚ	Yes.
王ㄨㄤ 芸ㄩㄣ	What else ?
媽ㄇㄚ 媽ㄇㄚ	Some fruit. Apples, bananas, watermelon , pineapple , strawberries, blueberries, blackberries, peaches, pears and mangoes.
王ㄨㄤ 芸ㄩㄣ	Want some ice cream ?
媽ㄇㄚ 媽ㄇㄚ	Yes. Oh! And some milk, cheese and orange juice.

V 寫_{ㄒㄧㄝˇ}中_{ㄓㄨㄥ}國_{ㄍㄨㄛˊ}字_{ㄗˋ}

Let's learn how to write Chinese characters.
Please follow the stroke order and write each ten times.

生　字	部首	筆　　　　　　　　　順
一_ㄧ	一_ㄧ	一
二_{ㄦˋ}	一_ㄧ	一二
三_{ㄙㄢ}	一_ㄧ	一二三
四_{ㄙˋ}	口_{ㄎㄡˇ}	一冂丌四四
五_{ㄨˇ}	二_{ㄦˋ}	一丅五五
六_{ㄌㄡˋ}	八_{ㄅㄚ}	丶亠六六
七_{ㄑㄧ}	一_ㄧ	一七
八_{ㄅㄚ}	八_{ㄅㄚ}	丿八
九_{ㄐㄧㄡˇ}	乙_{ㄧˇ}	乙九
十_{ㄕˊ}	十_{ㄕˊ}	一十
人_{ㄖㄣˊ}	人_{ㄖㄣˊ}	丿人
你_{ㄋㄧˇ}	人_{ㄖㄣˊ}	丿亻亻亻你你
早_{ㄗㄠˇ}	日_{ㄖˋ}	丨冂日日旦早
共_{ㄍㄨㄥˋ}	八_{ㄅㄚ}	一十廿廿共共共
個_{ㄍㄜˋ}	人_{ㄖㄣˊ}	丿亻亻们們們個個個個

Ⅵ 讀ㄉㄨˊ中ㄓㄨㄥ國ㄍㄨㄛˊ字ㄗˋ

Let's learn how to read Chinese characters.

一	一個人
二	二十
三	ㄅㄧˋ 三ㄎㄛˋ
四	四個ㄆㄥˊ ˙ㄧㄡ
五	五個ㄒㄧ ㄍㄨㄚ
六	六個ㄒㄧㄤ ㄐㄧㄠ
七	七ㄆㄧㄢˋ ㄖㄡˋ
八	八個ㄅㄢˋ
九	九個人
十	一共十個
共	一共ㄐㄧˇ ㄓ
個	ㄋㄟˇ 個？
人	ㄐㄧˇ 個人？
早	ㄌㄠˇ ㄕ早。
你	你早。

13

VII 你會讀下面的句子嗎？

Can you read the following sentences ?

1. 一二三四五五四三二一
2. 六七八九十十九八七六
3. 一共十個人
4. 老師早！你早！

第二課

小狗

Little Dogs

I 對　話

(Dialogue)

第　一　部	Part　1
王ㄨㄤˊ 芸ㄩㄣˊ	你ㄋㄧˇ家ㄐㄧㄚ有ㄧㄡˇ小ㄒㄧㄠˇ狗ㄍㄡˇ嗎ㄇㄚ？
李ㄌㄧˇ 立ㄌㄧ	有ㄧㄡˇ。
王ㄨㄤˊ 芸ㄩㄣˊ	有ㄧㄡˇ幾ㄐㄧˇ隻ㄓ小ㄒㄧㄠˇ狗ㄍㄡˇ？
李ㄌㄧˇ 立ㄌㄧ	有ㄧㄡˇ一ㄧ隻ㄓ，她ㄊㄚ是ㄕ牧ㄇㄨˋ羊ㄧㄤˊ犬ㄑㄩˇ，毛ㄇㄠˊ很ㄏㄣˇ長ㄔㄤˊ，鼻ㄅㄧˊ子ㄗ很ㄏㄣˇ長ㄔㄤˊ也ㄧㄝˇ很ㄏㄣˇ尖ㄐㄧㄢ，這ㄓㄜˋ隻ㄓ狗ㄍㄡˇ很ㄏㄣˇ漂ㄆㄧㄠˋ亮ㄌㄧㄤ。
王ㄨㄤˊ 芸ㄩㄣˊ	她ㄊㄚ叫ㄐㄧㄠˋ什ㄕˊ麼ㄇㄜ名ㄇㄧㄥˊ字ㄗ？
李ㄌㄧˇ 立ㄌㄧ	她ㄊㄚ叫ㄐㄧㄠˋ Lucky 。

王 王ㄤˊ 芸 ㄩㄣˋ	Lucky 的ㄉㄜ˙毛ㄇㄠˊ是ㄕˋ什ㄕㄣˊ麼ㄇㄜ˙顏ㄧㄢˊ色ㄙㄜˋ的ㄉㄜ˙？
李 ㄌㄧˇ 立 ㄌㄧˋ	她ㄊㄚ的ㄉㄜ˙毛ㄇㄠˊ是ㄕˋ黃ㄏㄨㄤˊ色ㄙㄜˋ的ㄉㄜ˙。
	你ㄋㄧˇ家ㄐㄧㄚ有ㄧㄡˇ狗ㄍㄡˇ嗎ㄇㄚ˙？
王 王ㄤˊ 芸 ㄩㄣˋ	沒ㄇㄟˊ有ㄧㄡˇ，可ㄎㄜˇ是ㄕˋ我ㄨㄛˇ家ㄐㄧㄚ有ㄧㄡˇ貓ㄇㄠ。
李 ㄌㄧˇ 立 ㄌㄧˋ	有ㄧㄡˇ幾ㄐㄧˇ隻ㄓ？
王 王ㄤˊ 芸 ㄩㄣˋ	有ㄧㄡˇ三ㄙㄢ隻ㄓ。
李 ㄌㄧˇ 立 ㄌㄧˋ	有ㄧㄡˇ三ㄙㄢ隻ㄓ？
王 王ㄤˊ 芸 ㄩㄣˋ	是ㄕˋ啊ㄚ！貓ㄇㄠ爸ㄅㄚˋ爸ㄅㄚ˙和ㄏㄜˊ貓ㄇㄠ媽ㄇㄚ媽ㄇㄚ
	最ㄗㄨㄟˋ近ㄐㄧㄣˋ生ㄕㄥ了ㄌㄜ˙八ㄅㄚ隻ㄓ小ㄒㄧㄠˇ貓ㄇㄠ咪ㄇㄧ。

I 對 話

(Dialogue)

	我們送了張伯伯一隻，姨媽一隻，舅舅兩隻，姑媽三隻，我們自己留了一隻。
李立	你家的貓是美國貓還是波斯貓？
王芸	是波斯貓。他們的眼睛好漂亮。

貓爸爸的眼睛藍得像海，

貓媽媽的眼睛綠得像

寶石。

李　立　林一平家有兩隻好玩

的狗。

王　芸　什麼狗？

李　立　一隻是我們中國的

沙皮狗，

Ⅰ 對 話

（ Dialogue ）

一隻是臘腸狗，

沙皮狗像個老公公，

臘腸狗身子好長，腿好短。

Ⅱ 生字生詞

(Vocabulary & Expressions)

1. 狗 dog

2. 牧羊犬 sheep dog

3. 毛 hair

4. 長 long

5. 尖 pointed

6. 貓 cat

7. 最近 lately; recently

8. 生 to give birth to

9. 貓咪 pussy cats; kitten; kitty

10. 送 to give; to send

11. 姨媽 aunt (mother's sister)

12. 舅舅 uncle (mother's brother)

13. 姑媽 aunt (father's sister)

14. 自己 self

15. 留 to save

16. 美國 America

17. 還是 or

18. 波斯 Persian

19. 他(ㄊㄚ)們(ㄇㄣ)	they; them
20. 藍(ㄌㄢ)得(ㄉㄜ)像(ㄒㄧㄤ)海(ㄏㄞ)	as blue as the ocean
21. 寶(ㄅㄠ)石(ㄕ)	precious stone; gem（M：kē 顆，一顆寶石） yikē bǎushŕ
22. 好(ㄏㄠ)玩(ㄨㄢ)的(ㄉㄜ)	funny
23. 中(ㄓㄨㄥ)國(ㄍㄨㄛ)	China
24. 沙(ㄕㄚ)皮(ㄆㄧ)狗(ㄍㄡ)	sharpie
25. 臘(ㄌㄚ)腸(ㄔㄤ)狗(ㄍㄡ)	dachshund
26. 老(ㄌㄠ)	old
27. 老(ㄌㄠ)公(ㄍㄨㄥ)公(ㄍㄨㄥ)	old man
28. 身(ㄕㄣ)子(ㄗ)	body
29. 腿(ㄊㄨㄟ)	leg
30. 短(ㄉㄨㄢ)	short

Ⅲ句型練習

(Pattern Practice)

1. 你ㄋㄧˇ家ㄐㄧㄚ　有ㄧㄡˇ　小ㄒㄧㄠˇ狗ㄍㄡˇ　　嗎ㄇㄚ？

　他ㄊㄚ家ㄐㄧㄚ没ㄇㄟˊ有ㄧㄡˇ　小ㄒㄧㄠˇ貓ㄇㄠ

　　　　　　牧ㄇㄨˋ羊ㄧㄤˊ犬ㄑㄩㄢˇ

　　　　　　美ㄇㄟˇ國ㄍㄨㄛ貓ㄇㄠ

　　　　　　沙ㄕㄚ皮ㄆㄧˊ狗ㄍㄡˇ

2.

　小ㄒㄧㄠˇ狗ㄍㄡˇ的ㄉㄜ　毛ㄇㄠ 很ㄏㄣˇ長ㄔㄤˊ鼻ㄅㄧˊ子ㄗ 很ㄏㄣˇ長ㄔㄤˊ也ㄧㄝˇ很ㄏㄣˇ尖ㄐㄧㄢ。

　小ㄒㄧㄠˇ貓ㄇㄠ的ㄉㄜ眼ㄧㄢˇ睛ㄐㄧㄥ　大ㄉㄚˋ鼻ㄅㄧˊ子ㄗ　小ㄒㄧㄠˇ　　短ㄉㄨㄢˇ。

　沙ㄕㄚ皮ㄆㄧˊ狗ㄍㄡˇ的ㄉㄜ毛ㄇㄠ　短ㄉㄨㄢˇ耳ㄦˇ朵ㄉㄨㄛ　長ㄔㄤˊ　　大ㄉㄚˋ。

Ⅲ 句型練習

(Pattern Practice)

3.

我家　沒有狗　　可是有貓。

她家　　　貓　　　　狗。

老師　　　哥哥　　　弟弟。

林一平　　姐姐　　　妹妹。

4.

貓媽媽最近生了八隻小貓咪。

媽媽　最近生了一個小弟弟。

姑媽　今天生了一個小妹妹。

張媽媽今天生了兩個小妹妹。

我們　今天吃了一個大西瓜。

5.

我們　　　最近送了張伯伯一隻小貓。

他們　　　最近　　　林老師　　　小狗

我和弟弟今天　　　王芸　　十個蘋果

6.

你家的　　　貓是美國貓還是波斯貓？

她家的　　　狗　　美國狗　　　中國狗

林媽媽家的狗　沙皮狗　　　臘腸狗

7.

貓爸爸的眼睛藍得像海。

貓媽媽的眼睛綠得　　寶石

妹妹的　嘴巴紅得　　櫻桃

Ⅲ 句型練習

(Pattern Practice)

8.

我ㄨㄛˇ有ㄧㄡˇ兩ㄌㄧㄤˇ隻ㄓ狗ㄍㄡˇ　　一ㄧ隻ㄓ是ㄕˋ中ㄓㄨㄥ國ㄍㄨㄛˊ狗ㄍㄡˇ

一ㄧ隻ㄓ是ㄕˋ美ㄇㄟˇ國ㄍㄨㄛˊ狗ㄍㄡˇ。

她ㄊㄚ有ㄧㄡˇ兩ㄌㄧㄤˇ隻ㄓ貓ㄇㄠ　　　美ㄇㄟˇ國ㄍㄨㄛˊ貓ㄇㄠ

波ㄅㄛ斯ㄙ貓ㄇㄠ。

媽ㄇㄚ媽ㄇㄚ有ㄧㄡˇ兩ㄌㄧㄤˇ顆ㄎㄜ寶ㄅㄠˇ石ㄕˊ一ㄧ顆ㄎㄜ　紅ㄏㄨㄥˊ寶ㄅㄠˇ石ㄕˊ

一ㄧ顆ㄎㄜ　　藍ㄌㄢˊ寶ㄅㄠˇ石ㄕˊ。

Ⅳ英 譯

(English Translation)

Part 1：

王ㄨㄤˊ	芸ㄩㄣˊ	Do you have any dogs?
李ㄌㄧˇ	立ㄌㄧˋ	Yes.
王ㄨㄤˊ	芸ㄩㄣˊ	How many do you have?
李ㄌㄧˇ	立ㄌㄧˋ	One. She is a sheep dog. She's got long hair, and a long and pointed nose. She's very beautiful.
王ㄨㄤˊ	芸ㄩㄣˊ	What's her name?
李ㄌㄧˇ	立ㄌㄧˋ	Her name is Lucky.
王ㄨㄤˊ	芸ㄩㄣˊ	What color is her hair?

Ⅳ英 譯

(English Translation)

李ㄌㄧˇ	立ㄌㄧˋ	Her hair is yellow. Do you have any dogs?
王ㄨㄤˊ	芸ㄩㄣˊ	No, but I have cats.
李ㄌㄧˇ	立ㄌㄧˋ	How many?
王ㄨㄤˊ	芸ㄩㄣˊ	Three.
李ㄌㄧˇ	立ㄌㄧˋ	Three?
王ㄨㄤˊ	芸ㄩㄣˊ	Yeah, our cats gave birth to eight kittens recently. We gave one to Uncle Jang, one to my aunt (my mother's sister), two to my uncle (my mother's brother), and three to my aunt (my father's sister). We saved one for ourselves.
李ㄌㄧˇ	立ㄌㄧˋ	Are your cats American cats or Persian cats?

王 ㄨㄤˊ 芸 ㄩㄣˊ	They're Persian cats. Their eyes are so beautiful. The eyes of the father cat are as blue as the ocean; the eyes of the mother cat are as green as an emerald.
李 ㄌㄧˇ 立 ㄌㄧˋ	Lin Yi - ping has two funny dogs.
王 ㄨㄤˊ 芸 ㄩㄣˊ	What dogs?
李 ㄌㄧˇ 立 ㄌㄧˋ	One is our Chinese sharpie, the other is a dachshund. The sharpie is like an old man. The body of the dachshund is so long, and his legs are so short.

V 寫中國字

Let's learn how to write Chinese characters.
Please follow the stroke order and write each ten times.

生字	部首	筆　　　　　　　　　　順
好	女	く 女 女 奶 奵 好
我	戈	ノ 二 千 手 我 我 我
他	人	ノ イ 忙 他 他
們	人	ノ イ 仵 仵 仴 伵 伵 們 們 們
名	口	ノ ク タ 夕 名 名
字	子	丶 宀 宀 字 字
叫	口	丶 口 口 叫 叫
姓	女	く 女 女 女 姁 姓 姓 姓
什	人	ノ イ 仁 什
她	女	く 女 女 奵 她 她
老	老	一 十 土 耂 老 老
師	巾	ノ イ 户 户 自 自 師 師 師
伯	人	ノ イ 作 伫 伯 伯
再	冂	一 冂 厅 厅 再 再
見	見	丨 冂 月 目 目 貝 見

30

Ⅵ 讀ㄉㄨˊ中ㄓㄨㄥ國ㄍㄨㄛˊ字ㄗˋ

Let's learn how to read Chinese characters.

好	你好
我	我們
他	他們
們	你們好
名	我·ㄉㄜ名字ㄕˋ　ㄨㄤˊ　ㄩㄣˊ
字	他叫什·ㄇㄜ名字？
叫	他叫ㄉㄧˇ　ㄉㄧˋ
姓	你姓什·ㄇㄜ？
什	他叫什·ㄇㄜ？
她	她叫ㄒㄧㄣ　ㄒㄧㄣ
老	老師好
師	老師ㄍㄨㄟˋ　姓
伯	ㄨㄤˊ　伯伯好
再	我們再見
見	老師再見

Ⅶ 你ㄋㄧˇ會ㄏㄨㄟˋ讀ㄉㄨˊ下ㄒㄧㄚˋ面ㄇㄧㄢˋ的ㄉㄜ˙句ㄐㄩˋ子ㄗˇ嗎ㄇㄚ˙？

Can you read the following sentences ?

1.老師早！
2.老師ㄍㄨㄟˋ姓？
3.你姓什˙ㄇㄜ？我姓王。
4.老師再見！
5.你們好！
6.你叫什˙ㄇㄜ名字？
7.他們三個人叫什˙ㄇㄜ名字？
8.ㄑㄧㄥˊ ㄨㄣˋ 伯伯ㄍㄨㄟˋ 姓？
9.他叫什˙ㄇㄜ名字？他叫ㄉㄧˇ ㄩㄣˊ 。
10.他姓ㄨㄤˊ 我姓ㄌㄧˇ ，你姓什˙ㄇㄜ？

第三課

動物園

The　Zoo

I 對 話

(Dialogue)

第 一 部	Part 1
李欣欣	媽，我們什麼時候去動物園？
媽 媽	三十分鐘以後。
	(at the zoo)
李欣欣	媽，這是什麼？
媽 媽	這是一隻老虎。你看見了沒有？這是老虎爸爸旁邊兒的那隻是牠太太，

那塊大石頭上有三隻
小老虎，
都是牠們的孩子。

Ⅰ對　話

（ Dialogue ）

第　二　部	Part　2
李ㄌㄧˇ欣ㄒㄧㄣ欣ㄒㄧㄣ	媽ㄇㄚ，那ㄋㄚˋ是ㄕˋ什ㄕㄣˊ麼ㄇㄜ？
媽ㄇㄚ　媽ㄇㄚ	那ㄋㄚˋ是ㄕˋ獅ㄕ子ㄗ。
	獅ㄕ子ㄗˇ爸ㄅㄚˋ爸ㄅㄚˇ，獅ㄕ子ㄗˇ媽ㄇㄚ媽ㄇㄚ和ㄏㄜˊ
	牠ㄊㄚ們ㄇㄣ的ㄉㄜ孩ㄏㄞˊ子ㄗˇ。
	你ㄋㄧˇ數ㄕㄨˇ數ㄕㄨˇ看ㄎㄢˋ，
	有ㄧㄡˇ幾ㄐㄧˇ隻ㄓ小ㄒㄧㄠˇ獅ㄕ子ㄗˇ？
李ㄌㄧˇ欣ㄒㄧㄣ欣ㄒㄧㄣ	一ㄧ，二ㄦˋ，三ㄙㄢ，四ㄙˋ，五ㄨˇ，六ㄌㄧㄡˋ，七ㄑㄧ
	有ㄧㄡˇ七ㄑㄧ隻ㄓ。
	媽ㄇㄚ，獅ㄕ子ㄗˇ爸ㄅㄚˋ爸ㄅㄚˋ的ㄉㄜ頭ㄊㄡˊ好ㄏㄠˇ大ㄉㄚˋ，

可ㄎㄜˇ是ㄕˋ獅ㄕ子ㄗˇ媽ㄇㄚ媽ㄇㄚ的ㄉㄜ頭ㄊㄡˊ好ㄏㄠˇ小ㄒㄧㄠˇ。

媽ㄇㄚˋ媽ㄇㄚˋ 　對ㄉㄨㄟˋ了ㄌㄜ！

獅ㄕ子ㄗˇ爸ㄅㄚˋ爸ㄅㄚˋ頭ㄊㄡˊ上ㄕㄤˋ的ㄉㄜ毛ㄇㄠˊ很ㄏㄣˇ長ㄔㄤˊ，

獅ㄕ子ㄗˇ媽ㄇㄚ媽ㄇㄚ頭ㄊㄡˊ上ㄕㄤˋ的ㄉㄜ毛ㄇㄠˊ很ㄏㄣˇ短ㄉㄨㄢˇ，

李ㄌㄧˇ欣ㄒㄧㄣ欣ㄒㄧㄣ 　媽ㄇㄚ，這ㄓㄜˋ是ㄕˋ大ㄉㄚˋ象ㄒㄧㄤˋ對ㄉㄨㄟˋ不ㄅㄨˊ對ㄉㄨㄟˋ？

媽ㄇㄚˋ媽ㄇㄚˋ 　對ㄉㄨㄟˋ了ㄌㄜ！

大ㄉㄚˋ象ㄒㄧㄤˋ的ㄉㄜ鼻ㄅㄧˊ子ㄗ好ㄏㄠˇ長ㄔㄤˊ。

李ㄌㄧˇ欣ㄒㄧㄣ欣ㄒㄧㄣ 　大ㄉㄚˋ象ㄒㄧㄤˋ的ㄉㄜ牙ㄧㄚˊ齒ㄔˇ也ㄧㄝˇ好ㄏㄠˇ長ㄔㄤˊ。

I 對 話

（ Dialogue ）

大象有四條腿

哇！

好粗的腿啊！

第三部	Part 3
李欣欣	猴子在那邊兒？
媽媽	猴子在那兒。
	走！我們去看猴子。
李欣欣	媽，猴子的胳臂好長，
	猴子的屁股好紅。
媽媽	牠們在做什麼？
李欣欣	在吃早飯。
媽媽	那隻白猴子在做什麼？

I 對 話

（ Dialogue ）

李（ㄌㄧˇ）欣（ㄒㄧㄣ）欣（ㄒㄧㄣ）　牠（ㄊㄚ）在（ㄗㄞˋ）睡（ㄕㄨㄟˋ）覺（ㄐㄧㄠˋ）。

你（ㄋㄧˇ）看（ㄎㄢˋ），好（ㄏㄠˇ）可（ㄎㄜˇ）愛（ㄞˋ）！

Ⅱ 生字生詞

(Vocabulary & Expressions)

1. 動物　　　　animal

2. 動物園　　　zoo

3. 時候(兒)　　time

4. 什麼時候　　when

5. 三十　　　　thirty

6. 分鐘　　　　minute

7. 以後　　　　later, from now

8. 老虎　　　　tiger

9. 看見　　　　have seen; saw

10. 旁邊兒　　beside, at the side of

11. 牠　　　　it

12. 太太　　　wife

13. 塊　　　　(measure word) piece

14. 石頭(兒)　stone, rock

15. 都　　　　all, both

16. 牠們　　　they

17. 孩子　　　child

18. 獅子　　　lion

19. 頭ㄊㄡˊ	head		28. 睡ㄕㄨㄟˋ 覺ㄐㄧㄠˋ	sleep
20. 頭ㄊㄡˊ 上ㄕㄤˋ 的ㄉㄜ˙	on one's head		29. 可ㄎㄜˇ 愛ㄞˋ	cute
21. 象ㄒㄧㄤˋ	elephant			
22. 牙ㄧㄚˊ 齒ㄔˇ	tooth			
23. 條ㄊㄧㄠˊ	(measure word)			
24. 粗ㄘㄨ	fat, big			
25. 猴ㄏㄡˊ 子ㄗ˙	monkey			
26. 胳ㄍㄜ 臂ㄅㄟˋ(ㄅㄟ˙)	arm			
27. 屁ㄆㄧˋ 股ㄍㄨˇ(ㄍㄨ˙)	bottom			

Ⅲ句型練習

（ Pattern Practice ）

1.我們什麼時候去動物園？

你們　　　　　　超級市場

他們　　　　　　林老師家

你　　　　　　　洗手

媽媽　　　　　　買菜

2.　　　　這是什麼？

　　　　那是什麼？

　　　這是什麼派？

　　　那是什麼狗？

Ⅲ 句型練習

(Pattern Practice)

3. 那塊大石頭上　　有三隻小老虎。

那個動物園裡　　有十隻大獅子。

這個超級市場裡　有很多水果。

4. 獅子爸爸頭上的毛很長

獅子媽媽　　　　　　很短

老虎　　　腿上的毛很短

小狗　　　　　　　　很長

5. 走ㄗㄡˇ！ 我ㄨㄛˇ們ㄇㄣ去ㄑㄩˋ 看ㄎㄢˋ猴ㄏㄡˊ子ㄗ。

看ㄎㄢˋ獅ㄕ子ㄗ

吃ㄔ冰ㄅㄧㄥ淇ㄑㄧˊ淋ㄌㄧㄣˊ

喝ㄏㄜ可ㄎㄜˇ樂ㄌㄜˋ

6. 牠ㄊㄚ們ㄇㄣ 在ㄗㄞˋ 做ㄗㄨㄛˋ什ㄕㄜˊ麼ㄇㄜ？

你ㄋㄧˇ們ㄇㄣ

牠ㄊㄚ們ㄇㄣ 吃ㄔ早ㄗㄠˇ飯ㄈㄢˋ

我ㄨㄛˇ們ㄇㄣ 睡ㄕㄨㄟˋ覺ㄐㄧㄠˋ

Ⅳ英 譯

(English Translation)

Part 1：

李ㄌㄧˇ欣ㄒㄧㄣ欣ㄒㄧㄣ　Mom, when are we going to the zoo?

媽ㄇㄚ　媽ㄇㄚ　Thirty minutes from now.

(*at the zoo)*

李ㄌㄧˇ欣ㄒㄧㄣ欣ㄒㄧㄣ　What is this, Mom?

媽ㄇㄚ　媽ㄇㄚ　This is a tiger.
See ?
This is the father tiger.
The one beside him is his wife.
On the rock, there are three little tigers.
They are all their children.

Part 2：

李ㄌㄧˇ欣ㄒㄧㄣ欣ㄒㄧㄣ

What is that, Mom?

媽ㄇㄚ媽ㄇㄚ

Those are lions.
The father lion, the mother lion
and their children.
Can you count
how many little lions there are?

李ㄌㄧˇ欣ㄒㄧㄣ欣ㄒㄧㄣ

One, two, three, four, five, six, seven.
Seven!
Mom, the father lion's head is so
large, but the mother lion's head is so small.

媽ㄇㄚ媽ㄇㄚ

Yes. The hair on the father lion's head is long.
The hair on the mother lion's head is short.

李ㄌㄧˇ欣ㄒㄧㄣ欣ㄒㄧㄣ

Mom, this is an elephant, isn't it?

Ⅳ 英 譯

(English Translation)

媽ㄇㄚ 媽ㄇㄚ

Right.
Elephants' noses are very long.

李ㄌㄧˇ欣ㄒㄧㄣ欣ㄒㄧㄣ

Elephants' teeth are also very long.
The elephant has four legs.
Wow! What fat legs!

Part 3：	
李<ruby>カ<rt></rt></ruby><ruby>欣<rt>T</rt></ruby><ruby>欣<rt>T</rt></ruby>	Where are the monkeys?
媽<ruby>ㄇ<rt></rt></ruby> 媽<ruby>ㄇ<rt></rt></ruby>	The monkeys are over there. Let's go. We'll go see the monkeys.
李<ruby>カ<rt></rt></ruby><ruby>欣<rt>T</rt></ruby><ruby>欣<rt>T</rt></ruby>	The monkeys' arms are so long, and their bottoms are so red.
媽<ruby>ㄇ<rt></rt></ruby> 媽<ruby>ㄇ<rt></rt></ruby>	What are they doing?
李<ruby>カ<rt></rt></ruby><ruby>欣<rt>T</rt></ruby><ruby>欣<rt>T</rt></ruby>	They are eating their breakfast.
媽<ruby>ㄇ<rt></rt></ruby> 媽<ruby>ㄇ<rt></rt></ruby>	What is that white monkey doing?
李<ruby>カ<rt></rt></ruby><ruby>欣<rt>T</rt></ruby><ruby>欣<rt>T</rt></ruby>	It's sleeping. Look how cute it is!

V 寫中國字

Let's learn how to write Chinese characters.
Please follow the stroke order and write each ten times.

生　字	部首	筆　　　　　　　　　　　　順
哥	口	一　丅　哥　哥　可　哥　哥　哥　哥
弟	弓	丶　丷　丷　当　当　弟　弟
姐	女	乚　夕　女　如　如　姐　姐　姐
妹	女	乚　夕　女　女　妚　妹　妹　妹
幾	幺	丿　幺　幺　幺　幺　絲　絲　絲　絲　幾　幾　幾
是	日	丨　冂　日　日　旦　早　早　是　是
王	玉	一　二　干　王
的	白	丿　丨　白　白　白　白　的　的
朋	月	丿　刀　月　月　月　朋　朋　朋
友	又	一　ナ　方　友
請	言	丶　二　三　言　言　言　言　言　計　計　請　請　請　請
坐	土	丿　人　从　从　从　坐　坐
小	小	亅　小　小
大	大	一　ナ　大
問	口	丨　冂　門　門　門　門　門　門　問　問

50

Ⅵ 讀ㄉㄨˊ中ㄓㄨㄥ國ㄍㄨㄛˊ字ㄗˋ

Let's learn how to read Chinese characters.

哥	三 個 哥 哥
弟	他 是 弟 弟
姐	姐 姐 叫 什 麼 名 字 ?
妹	妹 妹 好
幾	幾 個 人 ?
是	你 是 老 師
王	我 姓 王
的	我 的 朋 友
朋	小 朋 友 早
友	我 們 是 好 朋 友
請	請 坐
小	小 姐 姐
大	大 哥 哥
問	請 問

你會讀下面的句子嗎？

Can you read the following sentences ?

1. 你是大哥哥，他是小弟弟。

2. 姐姐大，妹妹小。

3. 你有幾個好朋友？

4. 老師，您請坐。

5. 請問，他的朋友姓什·ㄇㄜ？

6. 你弟弟叫什·ㄇㄜ名字？

7. 王伯伯早，王伯伯再見。

8. 姐妹一共幾個人？

9. 他姓王，他是王大哥。

10. 我姓王，我是老師。

第(ㄉㄧˋ) 四(ㄙˋ) 課(ㄎㄜˋ)

打(ㄉㄚˇ)電(ㄉㄧㄢˋ)話(ㄏㄨㄚˋ)

Making a Phone Call

I 對 話

(Dialogue)

第 一 部	Part 1
李ㄌㄧˇ 立ㄌㄧˋ	你ㄋㄧˇ家ㄐㄧㄚ電ㄉㄧㄢˋ話ㄏㄨㄚˋ幾ㄐㄧˇ號ㄏㄠˋ？
林ㄌㄧㄣˊ一ㄧ平ㄆㄧㄥˊ	3ㄙㄢ 5ㄨˇ 1- —9ㄐㄧㄡˇ 5ㄨˇ 6ㄌㄧㄡˋ 2ㄦˋ。
	你ㄋㄧˇ家ㄐㄧㄚ的ㄉㄜ˙呢ㄋㄜ˙？
李ㄌㄧˇ 立ㄌㄧˋ	3ㄙㄢ 5ㄨˇ 2ㄦˋ —7ㄑㄧ 4ㄙˋ 8ㄅㄚ 0ㄌㄧㄥˊ。

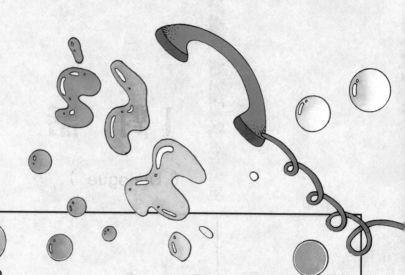

第 二 部	Part 2
林ㄌㄧㄣˊ一ㄧ平ㄆㄧㄥˊ	喂ㄨㄟˋ！李ㄌㄧˇ公ㄍㄨㄥ館ㄍㄨㄢˇ嗎ㄇㄚˇ？
李ㄌㄧˇ媽ㄇㄚ媽ㄇㄚ	是ㄕˋ的ㄉㄜ。你ㄋㄧˇ找ㄓㄠˇ那ㄋㄚˇ一ㄧˊ位ㄨㄟˋ？
林ㄌㄧㄣˊ一ㄧ平ㄆㄧㄥˊ	李ㄌㄧˇ立ㄌㄧˋ。我ㄨㄛˇ是ㄕˋ林ㄌㄧㄣˊ一ㄧˊ平ㄆㄧㄥˊ。
	您ㄋㄧㄣˊ是ㄕˋ李ㄌㄧˇ媽ㄇㄚˇ媽ㄇㄚ吧ㄅㄚˋ？
李ㄌㄧˇ媽ㄇㄚ媽ㄇㄚ	是ㄕˋ的ㄉㄜ。你ㄋㄧˇ好ㄏㄠˇ，一ㄧ平ㄆㄧㄥˊ。
林ㄌㄧㄣˊ一ㄧ平ㄆㄧㄥˊ	李ㄌㄧˇ媽ㄇㄚˇ媽ㄇㄚ好ㄏㄠˇ。
李ㄌㄧˇ媽ㄇㄚ媽ㄇㄚ	李ㄌㄧˇ立ㄌㄧˋ在ㄗㄞˋ家ㄐㄧㄚ，
	請ㄑㄧㄥˇ你ㄋㄧˇ等ㄉㄥˇ一ㄧˊ下ㄒㄧㄚˋ。
林ㄌㄧㄣˊ一ㄧ平ㄆㄧㄥˊ	好ㄏㄠˇ，謝ㄒㄧㄝˋ謝ㄒㄧㄝˋ您ㄋㄧㄣˊ！

I 對　話

（ Dialogue ）

第三部	Part 3
李立	喂！
林一平	嗨！李立，我是林一平。
李立	嗨！一平，什麼事？
林一平	這個星期天你有空嗎？
李立	什麼事？
林一平	這個星期天是我的生日。 來我家參加生日會好嗎？

李立　　什麼時候？

林一平　下午三點。

李立　　好啊！

　　　　可是我要問問我媽。

　　　　請等一下。

林一平　好。

57

I 對 話

(Dialogue)

第 四 部	Part 4
李ㄌㄧˇ　立ㄌㄧˋ	媽ㄇㄚ！林ㄌㄧㄣˊ一ㄧ平ㄆㄧㄥˊ請ㄑㄧㄥˇ我ㄨㄛˇ參ㄘㄢ加ㄐㄧㄚ他ㄊㄚ的ㄉㄜ生ㄕㄥ日ㄖˋ會ㄏㄨㄟˋ，這ㄓㄜˋ個ㄍㄜˋ星ㄒㄧㄥ期ㄑㄧˊ天ㄊㄧㄢ下ㄒㄧㄚˋ午ㄨˇ三ㄙㄢ點ㄉㄧㄢˇ。您ㄋㄧㄣˊ有ㄧㄡˇ空ㄎㄨㄥˋ送ㄙㄨㄥˋ我ㄨㄛˇ去ㄑㄩˋ嗎ㄇㄚ？
媽ㄇㄚ　媽ㄇㄚ	喔ㄛ！不ㄅㄨˋ行ㄒㄧㄥˊ！我ㄨㄛˇ已ㄧˇ經ㄐㄧㄥ有ㄧㄡˇ約ㄩㄝ了ㄌㄜ。
李ㄌㄧˇ　立ㄌㄧˋ	喂ㄨㄟˊ！林ㄌㄧㄣˊ一ㄧ平ㄆㄧㄥˊ，我ㄨㄛˇ媽ㄇㄚ沒ㄇㄟˊ空ㄎㄨㄥˋ送ㄙㄨㄥˋ我ㄨㄛˇ去ㄑㄩˋ。
林ㄌㄧㄣˊ一ㄧ平ㄆㄧㄥˊ	沒ㄇㄟˊ關ㄍㄨㄢ係ㄒㄧˋ！

58

我ㄨㄛˇ爸ㄅㄚˋ爸ㄅㄚ˙可ㄎㄜˇ以ㄧˇ去ㄑㄩˋ接ㄐㄧㄝ你ㄋㄧˇ。

李ㄌㄧˇ　　立ㄌㄧˋ　　好ㄏㄠˇ啊ㄚ˙！謝ㄒㄧㄝˋ謝ㄒㄧㄝˋ你ㄋㄧˇ！

林ㄌㄧㄣˊ一ㄧ平ㄆㄧㄥ　　不ㄅㄨˋ客ㄎㄜˋ氣ㄑㄧˋ！我ㄨㄛˇ爸ㄅㄚˋ星ㄒㄧㄥ期ㄑㄧˊ天ㄊㄧㄢ

下ㄒㄧㄚˋ午ㄨˇ兩ㄌㄧㄤˇ點ㄉㄧㄢˇ半ㄅㄢˋ會ㄏㄨㄟˋ在ㄗㄞˋ你ㄋㄧˇ家ㄐㄧㄚ

門ㄇㄣˊ口ㄎㄡˇ等ㄉㄥˇ你ㄋㄧˇ。

李ㄌㄧˇ　　立ㄌㄧˋ　　好ㄏㄠˇ！星ㄒㄧㄥ期ㄑㄧˊ天ㄊㄧㄢ見ㄐㄧㄢˋ。

林ㄌㄧㄣˊ一ㄧ平ㄆㄧㄥ　　星ㄒㄧㄥ期ㄑㄧˊ天ㄊㄧㄢ見ㄐㄧㄢˋ。

Ⅱ 生字生詞

（ Vocabulary & Expressions ）

1. 電話　　　telephone

2. 打電話　　to make a phone

3. 號　　　　number

4. 喂　　　　hello
　　　　　　（on telephone）

5. 公館　　　residence
　　　　　　（respectful term）

6. 找　　　　to look for

7. 位　　　　（measure word）

8. 等一下　　wait a minute

9. 星期天　　Sunday

10. 有空　　to have free time

11. 生日　　birthday

12. 參加　　to attend,
　　　　　　to participate in

13. 生日會　birthday party

14. 下午　　afternoon

15. 三點　　three o'clock

16. 請　　　to invite

17. 送　　　to drive, to take
　　　　　　（a person in a
　　　　　　car）

18. 不行　　no

19. 已ˇ經ㄐㄧㄥ   already

20. 約ㄩㄝ   commitment

21. 沒ㄇㄟˊ空ㄎㄨㄥˋ   to have no time

22. 沒ㄇㄟˊ關ㄍㄨㄢ係ㄒㄧˋ   It's O.K., It doesn't matter.

23. 接ㄐㄧㄝ   to pick up

24. 兩ㄌㄧㄤˇ點ㄉㄧㄢˇ半ㄅㄢˋ   two-thirty

25. 會ㄏㄨㄟˋ   will (do something)

26. 門ㄇㄣˊ口ㄎㄡˇ   door, entrance

27. 星ㄒㄧㄥ期ㄑㄧˊ天ㄊㄧㄢ見ㄐㄧㄢˋ   See you Sunday

Ⅲ 句型練習

（ Pattern Practice ）

1. 你ㄋㄧˇ家ㄐㄧㄚ 電ㄉㄧㄢˋ話ㄏㄨㄚˋ幾ㄐㄧˇ號ㄏㄠˋ？

   3ㄙㄢ 5ㄨˇ 1－－ 9ㄐㄧㄡˇ 5ㄨˇ 6ㄌㄧㄡˋ 2ㄦˋ。

   他ㄊㄚ 家ㄐㄧㄚ 電ㄉㄧㄢˋ話ㄏㄨㄚˋ幾ㄐㄧˇ號ㄏㄠˋ？

   3ㄙㄢ 5ㄨˇ 2ㄦˋ－ 7ㄑㄧ 4ㄙˋ 8ㄅㄚ 0ㄌㄧㄥˊ。

2. 你ㄋㄧˇ找ㄓㄠˇ那ㄋㄚˇ一一位ㄨㄟˋ？

   你ㄋㄧˇ要ㄧㄠˋ那ㄋㄚˇ一一個ㄍㄜˋ？

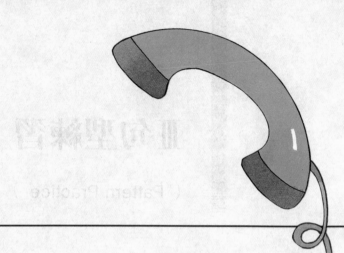

3. 這個星期天　　你　　有空嗎？

　　星期一　　他

　　星期二　　她

　　星期三　李立

　　星期四　王芸

　　星期五　李德

　　星期六　林一平

Ⅲ 句型練習

(Pattern Practice)

4. 來我家　參加生日會好嗎？

去他家　　做　蘋果派

來我家　　吃　晚　飯

去動物園　看　猴　子

5. 林一平請我參加他的生日會

李　立　　吃晚飯

他　　　　喝咖啡

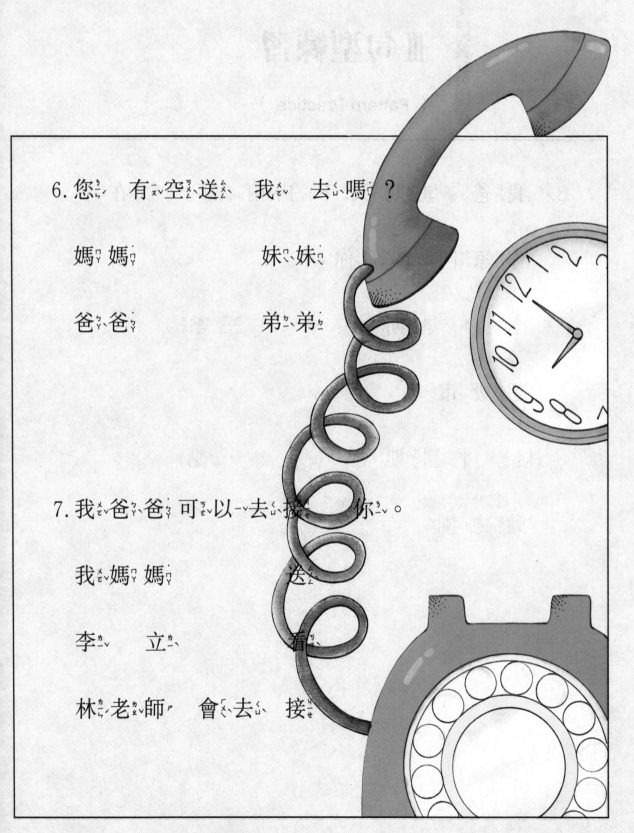

6. 您ㄋㄧㄣˊ 有ㄧㄡˇ 空ㄎㄨㄥˋ 送ㄙㄨㄥˋ 我ㄨㄛˇ 去ㄑㄩˋ 嗎ㄇㄚ˙ ？

　　媽ㄇㄚ 媽ㄇㄚ˙　　　　妹ㄇㄟˋ 妹ㄇㄟ˙

　　爸ㄅㄚˋ 爸ㄅㄚ˙　　　　弟ㄉㄧˋ 弟ㄉㄧ˙

7. 我ㄨㄛˇ 爸ㄅㄚˋ 爸ㄅㄚ˙ 可ㄎㄜˇ 以ㄧˇ 去ㄑㄩˋ 接ㄐㄧㄝ 你ㄋㄧˇ 。

　　我ㄨㄛˇ 媽ㄇㄚ 媽ㄇㄚ˙　　　　送ㄙㄨㄥˋ

　　李ㄌㄧˇ 立ㄌㄧˋ　　　　　　看ㄎㄢˋ

　　林ㄌㄧㄣˊ 老ㄌㄠˇ 師ㄕ 會ㄏㄨㄟˋ 去ㄑㄩˋ 接ㄐㄧㄝ

Ⅲ 句型練習

(Pattern Practice)

8. 我爸 星期天 下午 兩點半 會在

你家門口 等你。

李立 星期六 三點

超級市場

林一平 星期五 一點

動物園

IV 英 譯

(English Translation)

Part 1 :

李立 What's your phone number ?

林一平 351-9562. And yours ?

李立 352-7480.

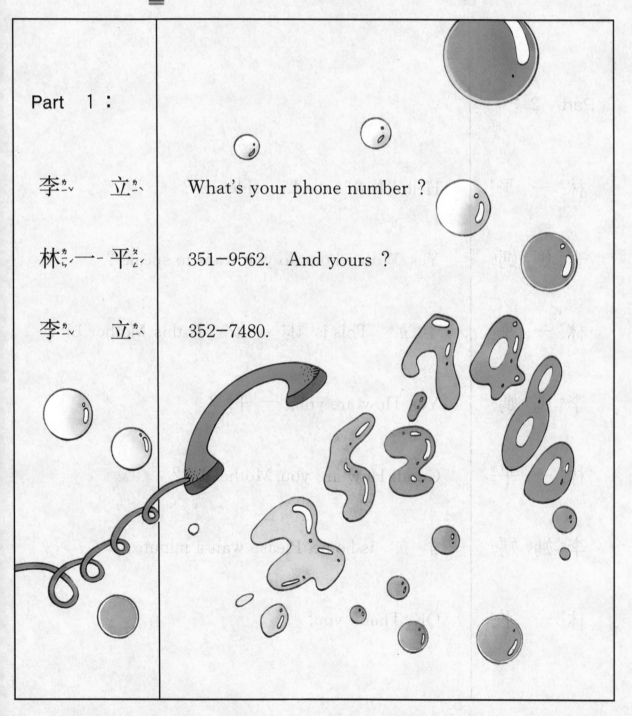

Ⅳ英 譯

(English Translation)

Part 2：

林ㄌㄧㄣˊ一ㄧ平ㄆㄧㄥˊ　Hello! Is this the Li residence？

李ㄌㄧˇ媽ㄇㄚ媽ㄇㄚ　Yes. With whom do you want to speak？

林ㄌㄧㄣˊ一ㄧ平ㄆㄧㄥˊ　李ㄌㄧˇ立ㄌㄧˋ. This is 林ㄌㄧㄣˊ一ㄧ平ㄆㄧㄥˊ. Is this Mother Li？

李ㄌㄧˇ媽ㄇㄚ媽ㄇㄚ　Yes. How are you, 一ㄧ平ㄆㄧㄥˊ？

林ㄌㄧㄣˊ一ㄧ平ㄆㄧㄥˊ　Good! How are you, Mother Li？

李ㄌㄧˇ媽ㄇㄚ媽ㄇㄚ　李ㄌㄧˇ立ㄌㄧˋ is home. Please wait a minute.

林ㄌㄧㄣˊ一ㄧ平ㄆㄧㄥˊ　OK. Thank you!

Part 3：

李ㄌㄧˇ 立ㄌㄧˋ   Hello!

林ㄌㄧㄣˊ一ㄧ平ㄆㄧㄥˊ   Hi！李ㄌㄧˇ立ㄌㄧˋ，this is 林ㄌㄧㄣˊ一ㄧ平ㄆㄧㄥˊ

李ㄌㄧˇ 立ㄌㄧˋ   Hi！一ㄧ平ㄆㄧㄥˊ what's up？

林ㄌㄧㄣˊ一ㄧ平ㄆㄧㄥˊ   Will you be free this coming Sunday？

李ㄌㄧˇ 立ㄌㄧˋ   What for？

林ㄌㄧㄣˊ一ㄧ平ㄆㄧㄥˊ   This coming Sunday is my birthday. Would you like to come to my birthday party at my house？

李ㄌㄧˇ 立ㄌㄧˋ   What time？

Ⅳ 英　譯

(English Translation)

林<ruby>一<rt>カら</rt></ruby><ruby>平<rt>ー</rt></ruby><ruby><rt>タ乙</rt></ruby>	Three o'clock in the afternoon.
李<ruby><rt>カー</rt></ruby>　立<ruby><rt>カー</rt></ruby>	Yes. But I have to ask my Mom. Please wait a minute.
林<ruby>一<rt>カら</rt></ruby><ruby>平<rt>ー</rt></ruby><ruby><rt>タ乙</rt></ruby>	All right.

Part 4：

李李立立

Mom！林林一一平平 just invited me to come to his birthday party. Three o'clock in the afternoon this Sunday. Will you be free to drive me there？

媽媽媽媽

Oh! I'm afraid not. I already have a commitment.

李李立立

Hello! 一一平平, my Mom won't be free to drive me there.

林林一一平平

It doesn't matter. My Dad can pick you up.

李李立立

OK. Thank you!

林林一一平平

You're welcome. My Dad will be at your house at two-thirty in the afternoon this coming Sunday.

Ⅳ英　譯

（ English Translation ）

李　立　　All right. See you then.

林一平　　See you then.

Let's learn how to write Chinese characters.
Please follow the stroke order and write each ten times.

生　字	部首	筆　　　　　　　　　　　　　　順
家（ㄐㄧㄚ）	宀（ㄇㄧㄢˊ）	丶丶宀宀宁宁宕家家家
爸（ㄅㄚˋ）	父（ㄈㄨˋ）	丿丷丷父父爷爸爸
媽（ㄇㄚ）	女（ㄋㄩˇ）	〈夂女女妒媽妒妒妒姬媽媽媽媽
不（ㄅㄨˋ）	一	一丆才不
回（ㄏㄨㄟˊ）	口（ㄎㄡˇ）	丨冂冂回回回
來（ㄌㄞˊ）	人（ㄖㄣˊ）	一厂厂厸厸來來來
麼（·ㄇㄜ）	麻（ㄇㄚˊ）	丶亠广广庀庀庀庐麻麻麻麻麼麼
快（ㄎㄨㄞˋ）	心（ㄒㄧㄣ）	丶丨忄忄忙忰快快
了（·ㄌㄜ）	亅（ㄐㄩㄝˊ）	乛了
也（ㄧㄝˇ）	乙（ㄧˇ）	乛也也
在（ㄗㄞˋ）	土（ㄊㄨˇ）	一ナオ在在在
校（ㄒㄧㄠˋ）	木（ㄇㄨˋ）	一十才木木杧杧杧栌校
車（ㄔㄜ）	車（ㄔㄜ）	一𠃍𠂉𠂉𠂉𠂉車
都（ㄉㄡ）	邑（ㄧˋ）	一十土步者者者者𠂆都都
看（ㄎㄢ）	目（ㄇㄨˋ）	一二三手看看看看看

73

VI 讀ㄉㄨˊ中ㄓㄨㄥ國ㄍㄨㄛˊ字ㄗˋ

Let's learn how to read Chinese characters.

家	我 的 家
爸	爸 爸 好
媽	媽 媽 早
不	不 好 ， 不 是
回	回 來
來	回 來
麼	你 們 問 什 麼
快	快 回 來
了	他 來 了
也	姐 姐 也 回 來 了
在	老 師 在 不 在
校	校 車 來 了
車	大 車 ㄏㄜˊ 小 車
都	哥 哥 弟 弟 都 來 了
看	妹 妹 ㄑㄩˋ 看 看

Ⅶ 你ㄋㄧˇ會ㄏㄨㄟˋ讀ㄉㄨˊ下ㄒㄧㄚˋ面ㄇㄧㄢˋ的ㄉㄜ 句ㄐㄩˋ子ㄗ嗎ㄇㄚ ？

Can you read the following sentences ?

1. 我 爸 爸 好 ， 媽 媽 也 好 。
2. 我 家 有 五 個 人
三 個 是 ㄏㄞˊ ˙ㄗ
3. 他 的 朋 友 不 回 來 。
4. 你 姐 姐 在 不 在 家 ？
5. 校 車 來 了 ， 快 ㄅㄧㄢˇ ˙ㄦ ！
6. 爸 爸 媽 媽 都 好 嗎 ？
7. 你 看 誰 來 了 。
8. 一 共 是 十 個 朋 友 。
9. 王 伯 伯 ， 我 爸 爸 不 在 家 。
10. 老 師 請 坐 。 我 爸 媽 都 在 家 。

生字生詞索引 | Index

	毛ㄇㄠˊ	hair	2-21
ㄇㄣ	門ㄇㄣˊ口ㄎㄡˇ	door, entrance	4-61
ㄇㄤ	芒ㄇㄤˊ果ㄍㄨㄛˇ	mango	1-6
ㄇㄧ	米ㄇㄧˇ	rice	1-6
ㄇㄢ	麵ㄇㄧㄢˋ包ㄅㄠ	bread	1-6
ㄇㄨ	牧ㄇㄨˋ羊ㄧㄤˊ犬ㄑㄩㄢˇ	sheep dog	2-21

<table>
<tr><td colspan="4" align="center">ㄈ</td></tr>
</table>

	ㄈ		
ㄈㄣ	分ㄈㄣ鐘ㄓㄨㄥ	minute	3-41
ㄈㄥ	鳳ㄈㄥˋ梨ㄌㄧˊ	pineapple	1-6

<table>
<tr><td colspan="4" align="center">ㄉ</td></tr>
</table>

	ㄉ		
ㄉㄚ	打ㄉㄚˇ電ㄉㄧㄢˋ話ㄏㄨㄚˋ	to make a phone call	4-60
ㄉㄡ	都ㄉㄡ	all, both	3-41
	豆ㄉㄡˋ腐ㄈㄨˇ	beancurd	1-5
ㄉㄥ	等ㄉㄥˇ一ㄧˊ下ㄒㄧㄚˋ	wait a minute	4-60
ㄉㄧㄢ	電ㄉㄧㄢˋ話ㄏㄨㄚˋ	telephone	4-60
	短ㄉㄨㄢˇ	short	2-22
ㄉㄨㄥ	動ㄉㄨㄥˋ物ㄨˋ	animal	3-41
	動ㄉㄨㄥˋ物ㄨˋ園ㄩㄢˊ	zoo	3-41

生字生詞索引 | Index

ㄌㄧ	梨（子）	pear	1-6
ㄌㄧㄡ	留	to save	2-21
ㄌㄧㄤ	兩點半	two-thirty	4-61
《			
ㄍㄜ	胳臂	arm	3-42
ㄍㄡ	狗	dog	2-21
ㄍㄣ	跟	and	1-13
ㄍㄨ	姑媽	aunt(father's sister)	2-21
ㄍㄨㄥ	公館	residence(respectful term)	4-60
	公公	grandpa	2-22
ㄎ			
ㄎㄜ	可愛	cute	3-42
ㄎㄢ	看見	have seen, saw	3-41
ㄎㄨㄞ	塊	(measure word)piece	3-41
ㄏ			
ㄏㄜ	核桃	walnut	1-6
ㄏㄞ	還	anything else	1-6
	還是	or	2-21

生字生詞索引 | Index

國語注音符號	生 字 生 詞 Vocabulary & Expressions	英　　　　　　　　　　　譯 English Translation	課次及頁次 Lesson Page
	ㄏ		
	孩ㄏㄞ子ㄗ	child	3-41
ㄏㄟ	黑ㄏㄟ莓ㄇㄟ	blackberry	1-6
ㄏㄠ	好ㄏㄠ玩ㄨㄢ的ㄉㄜ	funny	2-22
	號ㄏㄠ	number	4-60
ㄏㄡ	猴ㄏㄡ子ㄗ	monkey	3-42
ㄏㄨㄛ	火ㄏㄨㄛ腿ㄊㄨㄟ	ham	1-5
ㄏㄨㄟ	會ㄏㄨㄟ	will(do something)	4-61
	ㄐ		
ㄐㄧ	雞ㄐㄧ肉ㄖㄡ	chicken	1-5
ㄐㄧㄝ	接ㄐㄧㄝ	to pick up	4-61
ㄐㄧㄡ	舅ㄐㄧㄡ舅ㄐㄧㄡ	uncle(mother's brother)	2-21
ㄐㄧㄢ	尖ㄐㄧㄢ	pointed	2-21
	ㄑ		
ㄑㄧㄝ	茄ㄑㄧㄝ子ㄗ	egg-plant	1-6
ㄑㄧㄥ	請ㄑㄧㄥ	to invite	4-61

ㄑㄩㄢˊ	全ㄑㄩㄢˊ 麥ㄇㄞˋ 的ㄉㄜ˙	whole wheat	1-6
ㄒ			
ㄒㄧㄚˋ	下ㄒㄧㄚˋ 午ㄨˇ	afternoon	4-60
ㄒㄧㄝ	些ㄒㄧㄝ	some	1-5
ㄒㄧㄤ	象ㄒㄧㄤˋ	elephant	3-42
ㄒㄧㄥ	星ㄒㄧㄥ 期ㄑㄧˊ 天ㄊㄧㄢ	Sunday	4-60
	星ㄒㄧㄥ 期ㄑㄧˊ 天ㄊㄧㄢ 見ㄐㄧㄢˋ	See you Sunday	4-61
ㄓ			
ㄓㄠ	找ㄓㄠˇ	to look for	4-60
ㄓㄤ	張ㄓㄤ	(measure word)	1-5
ㄓㄨ	豬ㄓㄨ 肉ㄖㄡˋ	pork	1-5
ㄓㄨㄥ	中ㄓㄨㄥ 國ㄍㄨㄛˊ	China	2-22
ㄔ			
ㄔㄠ	超ㄔㄠ 級ㄐㄧˊ 市ㄕˋ 場ㄔㄤˇ	supermarket	1-5
ㄔㄤ	長ㄔㄤˊ	long	2-21
ㄕ			
ㄕ	獅ㄕ 子ㄗ˙	lion	3-41
	石ㄕˊ 頭ㄊㄡ˙	stone, rock	3-41

81

生字生詞索引 | Index

國語 注音 符號	生 字 生 詞 Vocabulary & Expressions	英　　　　　　　　　　　　　譯 English Translation	課 次 及 頁 　 次 Lesson Page
		ㄕ	
	時ㄕ候ㄏㄡ	time	3-41
ㄕㄚ	沙ㄕㄚ皮ㄆㄧ狗ㄍㄡ	sharpie	2-22
ㄕㄜ	什ㄕㄜ麼ㄇㄜ時ㄕ候ㄏㄡ	when	3-41
ㄕㄣ	身ㄕㄣ子ㄗ	body	2-22
ㄕㄤ	上ㄕㄤ	go	1-5
ㄕㄥ	生ㄕㄥ	to give birth to	2-21
	生ㄕㄥ日ㄖ	birthday	4-60
	生ㄕㄥ日ㄖ會ㄏㄨㄟ	birthday party	4-60
ㄕㄨㄟ	睡ㄕㄨㄟ覺ㄐㄧㄠ	sleep	3-42
		ㄖ	
ㄖㄜ	熱ㄖㄜ狗ㄍㄡ	hot dag	1-5
		ㄗ	
ㄗ	自ㄗ己ㄐㄧ	self	2-21
ㄗㄨㄟ	最ㄗㄨㄟ近ㄐㄧㄣ	lately, recently	2-21
		ㄘ	

ㄘㄞ	菜ㄘㄞ	food, dish	1-5
ㄘㄢ	參ㄘㄢ加ㄐㄚ	to attend, to participate in	4-60
ㄘㄨ	粗ㄘㄨ	fat, big	3-42

ㄙ			
ㄙㄢ	三ㄙㄢ點ㄉㄧㄢ	three o'clock	4-60
	三ㄙㄢ十ㄕ	thirty	3-41
ㄙㄨㄥ	送ㄙㄨㄥ	to give, to send	2-21
	送ㄙㄨㄥ	to drive, to take (a person in a car)	4-60

儿			
ㄦ	二ㄦ十ㄕ	twenty	1-5

一			
一	姨ㄧ媽ㄇㄚ	aunt(mother's sister)	2-21
	以ㄧ後ㄏㄡ	later, from now	3-41
	已ㄧ經ㄐㄧㄥ	already	4-61
ㄧㄚ	牙ㄧㄚ齒ㄔ	tooth	3-42
ㄧㄡ	優ㄧㄡ待ㄉㄞ券ㄑㄩㄢ	coupon	1-5
	有ㄧㄡ空ㄎㄨㄥ	to have free time	4-60
ㄧㄤ	洋ㄧㄤ葱ㄘㄨㄥ	onion	1-5

生字生詞索引 | Index

聽唱練習

我願做個好小孩

我願 做個 好 小孩， 身體 清潔， 精神 爽 快，
我願 做個 好 小孩， 讀書 認真， 做事 勤 快，

無論 走到 那 裡， 使得 人人 愛，使得 人人 愛。
無論 走到 那 裡， 使得 人人 愛，使得 人人 愛。

我們的學校

我們的學校 樣樣好， 一 時說不了，

就如用手 又用腦， 大 家做得 到。

有 時讀， 有時做， 有 時玩個 飽，

四季花草 盡我瞧， 標本真不 少。

兒童華語課本（三）中英文版

主　　編：王孫元平、何景賢、宋靜如、馬昭華、葉德明

出版機關：中華民國僑務委員會

　　　　　地址：台北市徐州路五號十六樓

　　　　　電話：(02)3343-2600

　　　　　網址：http://www.ocac.gov.tw

出版年月：中華民國八十二年七月初版

版（刷次）：中華民國九十二年四月初版八刷

定　　價：新台幣八十元

展　售　處：三民書局（台北市重慶南路一段61號，電話：02-23617511）

　　　　　國家書坊台視總店（台北市八德路三段10號，電話：02-25781515）

　　　　　五南文化廣場（台中市中山路2號，電話：04-2260330）

　　　　　新進圖書廣場（彰化市光復路177號，電話：04-7252792）

　　　　　青年書局（高雄市青年一路141號，電話：07-3324910）

承　　印：文芳印刷事務有限公司

GPN：011099870156

ISBN：957-02-1650-6